NOUVELLE-CALÉDONIE ET DÉPENDANCES

RAPPORT

AU

CONSEIL GÉNÉRAL

Présentation du tarif
des taxes locales à percevoir en 1888

NOUMÉA
IMPRIMERIE NOUMÉENNE
1887

RAPPORT

AU

CONSEIL GÉNÉRAL

NOUVELLE-CALÉDONIE ET DÉPENDANCES

RAPPORT

AU

CONSEIL GÉNÉRAL

Présentation du tarif
des taxes locales à percevoir en 1888

NOUMÉA
IMPRIMERIE NOUMÉENNE
1887

RAPPORT

CONSEIL GÉNÉRAL

Présentation du tarif des taxes locales à percevoir en 1888

Messieurs les Conseillers généraux,

Conformément aux dispositions du 22e paragraphe de l'article 40 du décret du 2 avril 1885, j'ai l'honneur de soumettre au vote du Conseil général le tableau des taxes locales à percevoir pendant l'année 1888.

Pour permettre le remboursement des avances faites à la colonie, par l'Etat, l'Administration est obligée de vous proposer, Messieurs, la modification de quelques unes des taxes locales.

Tout en cherchant les moyens de rembourser les avances faites par les comptables de la Métropole, il fallait encore assurer la marche régulière des nombreux Services ressortissant à la Direction de l'Intérieur.

La situation financière a déjà été signalée au Conseil général ; elle n'a pas permis, jusqu'à ce jour, de donner satisfaction aux réclamations justes et réitérées du Département ; il nous faut donc recourir à des moyens fiscaux.

C'est dans cet ordre d'idées que j'ai l'honneur de vous proposer, Messieurs, de porter le droit de consommation, sur les barriques de vin, qui est actuellement de 10 francs, à 20 francs.

Cette augmentation nous permettra d'inscrire au chapitre, — *dettes exigibles*, — une annuité de 100,000 francs, pour couvrir les avances de la Métropole, et permettra au Service local de se libérer entièrement dans l'espace de cinq années.

La prévision de 100,000 francs, sera certainement atteinte, car le calcul a été établi sur une consommation annuelle de 10,000 barriques ; — la moyenne des trois dernières années est plus élevée, elle est de 13,214 barriques (1884 - 13,617 barriques ; — 1885- 14,875 barriques ; — 1886 - 11,211 barriques).

L'Administration vous propose également le rétablissement du timbre en Nouvelle-Calédonie ; un rapport spécial vous est présenté sur cette affaire.

Une modification vous est demandée au tarif des droits de greffe, elle est de peu d'importance, mais sera une réelle économie pour le Service local, puisqu'elle permettra de supprimer la prévision inscrite aux budgets antérieurs, sous la rubrique : *Frais de service et de bureau au greffier de 1re instance et d'appel, 2910 fr.*

Actuellement les droits d'expédition sont payés devant le tribunal supérieur, le rôle 2,50, et devant le tribunal de 1re instance 2 francs.

En portant ce droit indistinctement à 3 francs pour les deux juridictions, l'indemnité qui était allouée au greffier pour frais de service serait atteinte, de là l'économie signalée.

Permettez-moi de vous faire remarquer, Messieurs, que la combinaison proposée, a été adoptée l'année dernière par le Conseil dans la séance du 10 septembre 1886.

Dans l'exposé des motifs du projet de budget, j'ai signalé que l'Administration proposait d'élever le tarif des droits d'octroi de mer de 2 à 3 0/0, cette augmentation qui bénéficiera entièrement à la ville de Nouméa et aux Commissions municipales, permettra au Service local de s'attribuer la totalité de la contribution des patentes, et de ne laisser à la ville qu'un tiers sur les droits de licence, la part attribuée aux Commissions municipales sur les droits fera retour au budget local.

Si cette proposition est adoptée, la ville verra ses ressources augmentées, ainsi que les municipalités de l'intérieur ; le Service local verra ses charges allégées, les Commissions municipales dont les ressources seront augmentées, venant concourir aux dépenses générales des Postes et Télégraphes.

Conformément aux presciptions du 8° § de l'article 42 du décret du 8 mars 1879 portant organisation d'institutions municipales à Nouméa, le Conseil municipal a été appelé à donner son avis sur cette question ; — j'ai l'honneur de placer sous vos yeux, l'extrait du procès-verbal de la séance du Conseil où cette question a été traitée.

Telles sont, Messieurs les Conseillers généraux, les modifications que je vous propose d'apporter au tarif des taxes locales à percevoir en 1888.

Nouméa, le 22 juin 1887,

Le Directeur de l'Intérieur,

MORACCHINI.

TARIF

DES CONTRIBUTIONS ET TAXES A PERCEVOIR

POUR L'ANNÉE 1888

CONTRIBUTIONS DIRECTES

CONTRIBUTION FONCIÈRE

Cette contribution est perçue conformément à l'arrêté du 2 décembre 1875. Le taux en est fixé à 1 0/0 *ad valorem* sur les terrains urbains ou ruraux et à 1 0/0 *ad valorem* sur les constructions de Nouméa.

Les terrains nouvellement bâtis sont affranchis de l'impôt sur les bâtiments pendant trois années à partir du 1er janvier de l'année qui suit l'achèvement des travaux de construction (art. 4 de l'arrêté du 2 décembre 1875).

Vote du Conseil général du

CONTRIBUTION DES PATENTES

Cette contribution est perçue conformément à l'arrêté du 18 octobre 1880, modifié par ceux des 15 novembre 1883 et 8 janvier 1884. Elle se compose d'un droit fixe basé sur la classe du commerce ou de l'industrie.

TABLEAU GÉNÉRAL DES DROITS DE PATENTES

(Vote du Conseil général du   ).

COMMERCES INDUSTRIES professions, etc.	CLASSE	DROITS A PAYER	OBSERVATIONS
Banquiers. Capitainesdenavires vendant eux-mêmes leur cargaison Consignataires de navires. Commis-voyageurs et courtiers de passage. Courtiers en marchandises. Escompteurs. Marchands de plusieurs espèces de marchandises. Marchands de mercerie et de nouveautés. Marchands d'épicerie. Négociants et armateurs. Subrécargues. Titulairesde marché de gré à gré ou par adjudication. Quincailliers.	1re (1)	800	(1) Sont compris dans cette classe ceux dont le commerce principal consiste à recevoir directement des marchandises de l'extérieur et à exporter des produits de la colonie. Peuvent se livrer à tout commerce sous la condition de se conformer aux mesures particulières pour les établissements de ce genre. Peuvent seuls se livrer à la vente des armes en se conformant à la législation en vigueur sur ce genre de commerce et moyennant payement d'une patente spéciale au taux annuel de 250 fr.
Entrepositaires de marchandises. Horlogers et bijoutiers. Marchands d'épicerie. Marchands de plusieurs espèces de marchandises. Marchands de mercerie et de nouveautés. Marchands de meubles. Quincailliers en demi-gros. Caboteurs (2). Entrepreneur de batelage. Entrepreneurs de travaux. Entrepreneurs de bâtiments. Fabricant de boissons gazeuses. Fabricant de glace. Fabricants de sirops et liqueurs.	2e	400	(2) Le caboteur se livrant à un autre commerce que celui qui consiste à transporter des marchandises, est tenu de prendre une patente de marchand.

COMMERCES INDUSTRIES professions, etc.	CLASSES	DROITS A PAYER	OSERVATIONS
Fabricants de conserves alimentair-- Fabricants de rhums et tafias. Fabricants de savons. Fabricants de bière. Hôtels garnis avec restaurant. Imprimeurs libraires. Imprimeurs typographes. Marchands d'épicerie (1). Marchands de plusieurs espèces de marchandises. Marchands de mode et lingerie. Marchands tailleurs avec magasin d'étoffes. Marchands de bois de sciage. Pharmaciens.	3°	150	(1) Peuvent seuls se livrer à la vente des liquides à emporter par litre ou par bouteille.
Aubergistes (2). Bottiers ou cordonniers avec magasin de chaussures. Bouchers. Caboteurs. Cafetiers (3). Charcutiers. Carrossiers. Entrepreneurs de maçonnerie. Entrepreneurs de menuiserie. Entrepreneurs de peinture en bâtiments. Fabricants de briques. Fabricants d'huile de coco. Fabricants de chaux. Marchands d'épicerie (4). Marchands de mercerie et de nouveautés. Quincailliers en détail. Restaurateurs et traiteurs à la carte et à prix fixe. Serruriers - mécaniciens. Bouchers à la cheville. Boulangers.	4°	100	(2) Ces établissements ainsi que les restaurants, gargotes, tavernes et cantines sont soumis à l'obtention d'une licence ne donnant lieu à aucune perception. La taxe supplémentaire sur les billards est également imposée aux établissements de cette catégorie. (3) La possession d'un billard donne lieu à un supplément de 200 francs pour la ville de Nouméa et de 100 francs pour le reste de la colonie. Ces établissements ainsi que les débits et cabarets sont soumis à l'obtention d'une licence donnant lieu à la perception d'un droit au titre des contributions indirectes et peuvent seuls débiter des boissons ou spiritueux sans restriction. (4) Pouvant seuls se livrer à la vente des liquides à emporter par litre ou par bouteille (cette classe n'est appliquée qu'en dehors des limites de la ville de Nouméa), peuvent seuls aussi se livrer à la vente des munitions de chasse en se conformant à la législation en vigueur sur ce genre de commerce et moyennant payement d'une patente spéciale au taux annuel de 50 francs.

COMMERCES INDUSTRIES professions, etc.	CLASSES	DROITS A PAYER	OBSERVATIONS
Brocanteurs en boutique ou magasin. Cabaretiers avec billard. Caboteurs. Carrossiers raccommodeurs. Colporteurs avec véhicules. Distilateurs liquoristes. Entrepreneurs de bains publics. Epiciers en détail. Ferblantiers - lampistes ou zingueurs. Horlogers, bijoutiers à façon, sans magasin. Loueurs de chevaux et voitures. Marchands de mode et de lingerie. Marchands de bois à brûler par stère et à domicile. Marchands de charbon de bois. Marchands de charbon de terre. Selliers harnacheurs Tailleurs sans magasin. Voituriers ayant plusieurs équipages.	5e	. 75	
Bottiers ou cordonniers travaillant sur commande. Bourreliers. Caboteurs. Cabaretiers sans billards. Constructeurs de bateaux ou canots. Cantiniers. Charpentiers. Couturiers-modistes Couturières. Ferblantiers. Forgerons. Loueurs en garni. Maçons. Menuisiers. Maréchaux ferrant. Marchands de mercerie. Marchands de briques et tuiles. Perruquiers - coiffeurs-parfumeurs. Peintres en bâtiments.	6e	50	

COMMERCES INDUSTRIES professions, etc.	CLASSES	DROITS A PAYER	OBSERVATIONS
Photographes. Tonneliers.			
Arpenteurs. Brocanteurs sans boutique. Blanchisseurs de linge. Couturières en corsets robes ou lingerie. Colporteurs sans véhicule Epiciers-regrattiers Gargotiers. Loueurs en garni qui ne louent qu'une chambre. Marchands de charbon de bois en détail. Marchands de fruits ou légumes. Ouvriers à façon non compris dans les classes précédentes. Perruquiers - coiffeurs. Patissiers-brioleurs Voituriers qui n'ont qu'un équipage.	7e	25	
PROFESSIONS diverses			
Agents d'affaires.		200	
Avocats.		500	
Commissaires - priseurs.		500	
Entrepreneurs de cercle.		2.000	
Huissiers.		200	
Hauts-Fourneaux.		200	
Notaires.		500	

Sont exempts de la patente pendant deux années, à partir de leur fonctionnement, les usines et établissements industriels créés dans le pays et transformant, au moyen d'agents chimiques ou de machines, les produits de la colonie, (art. 4 de l'arrêté du 18 octobre 1880).

DROITS DE VÉRIFICATION DES POIDS ET MESURES

Sont perçus conformément à l'arrêté du 21 octobre 1876 et sont calculés conformément au tableau joint audit arrêté.

(Vote du Conseil général du   .)

DÉSIGNATION DES POIDS, MESURES ET INSTRUMENTS de pesage usités	TARIF nouveau
MESURES DE PESANTEUR	
Poids en fer	
50 kil. chacun.	1 fr. 20c.
20 kil., 10 kil. et 5 kil., chacun	0 60
2 kil., 1 kil. et 1/2 kil., chacun	0 20
2 hectogr., 1 hectogr. et 1/2 hectgr., chacun.	0 10
Poids en cuivre	
20 kilg., 10 kil. et 5 kil., chacun	0 90
2 kil., 1 kil. et 1/2 kil., chacun. . . .	0 30
2 hect., 1 hect. et 1/2 hect., chacun . . .	0 15
20 gr., 10 gr. et 5 gr., chacun.	0 15
2 gr. et 1 gr., chacun.	0 15
INSTRUMENTS DE PESAGE	
1 balance de magasin.	1 00
1 balance de comptoir	0 50
1 pont-bascule de 5,000 kil., avec 2 fr. d'augmentation pour chaque 1,000 kil. en sus. .	10 00
1 balance-bascule portée au-dessus de 200 k.	4 80
1 balance-bascule portée au-dessus de 100 k.	2 40
1 romaine de toute portée jusqu'à 40 kil. .	1 20
0 f. 45 c. en outre pour chaque portée de 20 k. en sus.	
1 romaine de 200 kil. jusqu'à 1,000 kil . .	6 00
Au-dessus de 1,000 kil., la surtaxe de 2 fr. pour chaque augmentation de 1,000 kil.	
MESURES DE CAPACITÉ	
Pour les grains et autres matières sèches	
1 double hectolitre.	2 00
1 hectolitre, chacun	1 80
1/2 hectolitre, chacun	1 20
Double décalitre	0 30
1 décalitre, chacun	0 20
1/2 décalitre, chacun	0 15

DÉSIGNATION DES POIDS, MESURES ET INSTRUMENTS de pesage usités	TARIF nouveau	
Double litre, 1 litre et 1/2 litre, chacun . .	0 f.10c.	
Double décilitre., 1 décilitre et 1/2 décilit,, chacun	0	10
Pour les liquides		
Double décal., 1 décal. et 1/2 décal., chacun.	1	20
Double litre, chacun	0	45
1 litre., chacun	0	30
1/2 lit. double décil. décil. et jusqu'au cent., chacun	0	20
MESURES DE CAPACITÉ EN FER BLANC		
Double lit. et litre, chacun	0	20
1/2 lit.. double décil., décil. et jusqu'au cent. chacun	0	10
MESURES DE SOLIDITÉ		
Membrures pour les bois de chauffage		
Décastère et 1/2 décastère	2	00
Doubls st , 1 st. et 1/2 stère	1	80
MESURES AGRAIRES ET DE LONGUEUR		
Double décam., décam. et 1/2 décam., chacun	0	60
Double mètre ordinaire ou brisé	0	30
1 mètre simple (ployant ou à charnières) et 1/2 mètre, chacun	0	20
Double décimètre et décimètre, chacun . .	0	10

DISPOSITIONS GÉNÉRALES APPLICABLES AUX CONTRIBUTIONS DIRECTES

L'arrêté du 13 avril 1863 réglant le mode des poursuites à faire pour le recouvrement des contributions directes, est appliqué pour les contributions ci-dessus, et les droits et privilèges du Trésor local pour le recouvrement des dites contributions restent définis par arrêté du 25 février 1864.

CONTRIBUTIONS INDIRECTES

Arrêté du 12 mai 1884, créant un droit de sortie de 10 fr. par tonne de gomme de kaori exportée de la Nouvelle-Calédonie.

DROITS DE PILOTAGE, DE PHARE, DE BALISAGE ETC.

DROITS DE PILOTAGE

Ces droits   perçus conformément à l'arrêté du 12 juin 1875, savoir:

Droit fixe. — 0,30 c. par décimètre de tirant d'eau arrière et par mille parcouru dans la partie comprise entre les récifs extérieurs (du Nogumatingi et la passe de Uitoé), la ligne joignant la pointe Sud du récif de Tembia à la pointe Ouest (Kauritio) du port de Uitoé, la côte de la grande île jusqu'à Ya et la ligne joignant Ya à la pointe Sud du récif Nogumatingi.

Droit fixe. — 0,15c. par décimètre de tirant d'eau arrière et par mille parcouru dans la partie comprise entre la ligne joignant Nogumatingi à Ya, la côte de la Nouvelle-Calédonie, les récifs extérieurs depuis Goro jusqu'à Nokunhin et la droite joignant ce dernier récif à la pointe Sud de Nogumatingi.

Droit fixe. — 0,15 c. par décimètre de tirant d'eau arrière et par mille parcouru dans l'espace compris entre la ligne joignant l'extrémité Sud du récif Tétembia et le cap Ka, et la ligne joignant la passe d'Ourail avec l'îlot Téremba.

Les bâtiments de la marine nationale et ceux des autres puissances ne payent que la moitié des droits de pilotage, à l'exception des indemnités de séjour à bord qui sont payées en entier.

Exceptionnellement et par réciprocité pour les privilèges accordés dans les ports de la Nouvelle-Galles du Sud aux navires de la marine française, les bâtiments de Sa Majesté Britannique sont exempts de tout droit.

Sont également exemptés les paquebots-postes de la ligne néo-calédonienne et ceux des Messageries maritimes.

Par arrêté du 29 mars 1881, les navires affectés à l'entreprise des *Transport maritimes* ont été affranchis de l'obligation de prendre un pilote.

L'arrêté du 20 juin 1882 affranchit également de ces droits les vapeurs venant de Cochinchine ou se rendant dans cette colonie.

Les navires de 150 tonneaux et au-dessous sont affranchis du droit de pilotage (vote du Conseil privé du 29 décembre 1883 et arrêté du 8 janvier 1884).

DROITS DE PHARE ET DE BALISAGE

Ces droits sont perçus conformément à l'arrêté du 30 décembre 1871. Ils n'existent que pour le chef-lieu.

Le droit est fixé à 0 fr. 40 c. par tonneau de jauge.

Sont exempts les navires de guerre français ou étrangers,

les paquebots-postes et les navires nolisés par l'Etat. Les bâtiments de la Compagnie des Messageries maritimes jouiront de la même immunité.

L'arrêté du 29 mars 1881 a également exempté de ces droits les navires affectés à l'entreprise des *Transports maritimes*.

Sont aussi exemptés de ces droits les vapeurs venant de Cochinchine ou se rendant dans cette colonie (arrêté du 20 juin 1882.

DROITS SANITAIRES

Ces droits sont perçus conformément à l'article 85 de l'arrêté du 19 juillet 1881 et fixés, savoir :

0 fr. 15 c. par tonneau de jauge sur tous les navires sans distinction de nationalité.

Sont exempts de ces droits :

Les navires de guerre et ceux en relâche forcée qui reprendraient la mer sans avoir effectué aucun chargement ni déchargement de marchandises ;

Les paquebots faisant le service postal ;

Les bâtiments de la Compagnie des Messageries maritimes ;

Les caboteurs de commune à commune et, en général, tout navire dispensé de se munir de patente ;

Les navires à vapeur venant de Cochinchine ou se rendant dans cette colonie (arrêté du 20 juin 1882).

Les navires qui font escale sur la même rade plus d'une fois par mois pourront contracter des abonnements à raison de 50 francs par mois.

DROITS DE FRANCISATION

Sont perçus conformément à l'article 9 de l'arrêté du 23 novembre 1880 approuvé par décret en date du 2 avril 1881, et fixés à 2 francs par tonneau de jauge pour la délivrance des actes de francisation.

DROITS DE NAVIGATION INTÉRIEURE

Sont perçus conformément à l'arrêté du 27 novembre 1873 fixant à 1 fr. 50 c. par tonneau de jaugeage par voyage la taxe à percevoir sur les navires étrangers et ceux qui ne sont pas soumis à l'inscription maritime, se rendant de Nouméa sur un point quelconque de la côte.

Par arrêté en date du 20 juillet 1881, la perception de ces droits est momentanément suspendue à l'égard des navires se rendant aux îles Chesterfield et Huon.

DROITS DE CONGÉS DE MER

Sont perçus conformément à l'article 12 de l'arrêté du 23 novembre 1880, approuvé par décret du 12 avril 1881, et fixés pour chaque année à :

10 fr. pour les bâtiments au-dessus de 30 tonneaux ;
8 fr.   —   de 10 à 30 tonneaux ;
6 fr.   —   de 5 à 10 tonneaux ;
3 fr.   —   au-dessous de 5 tonneaux.

DROITS D'ENREGISTREMENT, DE GREFFE, D'HYPOTHÈQUES ET DE TIMBRE

DROITS D'ENREGISTREMENT

Les droits à percevoir pour l'enregistrement des actes et mutations sont et demeurent fixes aux taux et quotités établis par les articles 68 et 69 de l'arrêté local du 12 février 1886.

DROITS FIXES

Art. 68. Les actes compris sous cet article seront enregistrés et les droits payés ainsi qu'il suit :

I

ACTES CIVILS

En matière civile, il n'existe qu'un seul droit fixe. Ce droit est établi à deux francs.

Les mutations de navire à titre onéreux y sont soumises, ainsi que les affectations hypothécaires des navires.

Il en est de même des testaments et autres actes de libéralité à cause de mort.

I I

ACTES JUDICIAIRES

Les droits fixes à percevoir sur les jugements, actes de juges, procès-verbaux, enquêtes, certificats et généralement toutes pièces émanant des tribunaux et des greffes sont fixés ainsi qu'il suit :

En matière de justice de paix, ainsi qu'en simple police, en police correctionnelle et en matière d'appel correctionnel. Un franc, sauf dans le cas de jugements de paix rendus hors compétence.

En matière de tribunaux civils, de commerce et de sentences arbitrales : Trois francs.

Ce droit est également applicable aux jugements de paix rendus hors compétence.

En matière d'appel de jugements civils et de commerce ou d'arbitrage. : Cinq francs.

III

ACTES EXTRAJUDICIAIRES

Les droits fixes à percevoir sur les exploits, les procès-verbaux et autres actes extrajudiciaires, sont fixés ainsi qu'il suit :

Les protêts et les exploits ou autres actes relatifs à des procédures, devant la justice de paix, les tribunaux de simple police ou de police correctionnelle jusques et compris les significations de jugements : *Un franc*.

Les exploits et autres actes relatifs aux procédures devant les tribunaux civils, de commerce ou d'arbitrage, devant le Conseil du contentieux administratif et en général devant tous les tribunaux autres que ceux spécifiés au paragraphe précédent et au paragraphe qui suit ainsi que tous les autres exploits ou actes extrajudiciaires, procès-verbaux de constat ou de contravention : *Deux francs*.

Les exploits et autres actes extrajudiciaires relatifs à des procédures devant le tribunal supérieur jugeant au civil, au commerce ou en matière d'arbitrage jusques et compris les significations d'arrêt : *Trois francs*.

Il sera dû un droit par chaque demandeur ou défendeur en quelque nombre qu'ils soient dans le même acte, excepté les co-propriétaires ou co-héritiers, les parents réunis, les co-intéressés, les débiteurs ou créanciers associés ou solidaires, les séquestres, les experts et les témoins qui ne sont comptés que pour une seule et même personne, soit en demandant, soit en défendant, dans le même original d'acte, lorsque leurs qualités y sont exprimées.

Cette règle est spéciale aux actes extra judiciaires.

Pour tous les actes, soit civils, soit judiciaires, soit extrajudiciaires, qui sont soumis aux droits fixes et qui se rédigent par vacations, il sera dû un droit pour chaque vacation, sauf pour les actes d'affirmation et de vérification de créances en matière de faillites et pour les procès-verbaux de sauvetage de navires naufragés et les déclarations des capitaines de navires dressées par les officiers de la marine. Dans ces cas, la première vacation sera seule enregistrée au comptant, et les autres vacations suivantes seront enregistrées gratis.

Quand un acte sera refait pour cause de nullité ou autre motif sans aucun changement qui ajoute aux objets des conventions ou à leur valeur, et que les droits exigibles sur le premier acte auront été perçus, il ne sera exigé qu'un droit fixe sur l'acte ainsi refait.

Toutes les dispositions ci-dessus relatives aux droits fixes ne préjudicient d'ailleurs pas à celles prévues par l'article 10 du présent arrêté.

DROITS PROPORTIONNELS

Art. 69. Les actes et mutations compris sous cet article seront enregistrés et les droits en seront payés suivant les quotités ci après savoir :

I

DIX CENTIMES PAR CENT FRANCS

Les baux à ferme ou à loyer de biens meubles et immeubles, même ceux appartenant à l'État, ceux de paturage et nourriture d'animaux, les baux à cheptel et reconnaissance de bestiaux, *(les droits de ces derniers baux sont perçus sur le prix exprimé dans les actes ou. à défaut, d'après l'évaluation qui sera faite du bétail)* : les baux ou conventions pour nourriture de personnes. pourvu que la durée de tous ces baux soit limitée, les sous-baux, subrogations, rétrocessions et résiliations de baux. *Le droit sera perçu et liquidé sur les années restant à courir et d'après les mêmes bases que les baux* ;

Les cautionnements de baux de toute nature à durée limitée et les cautionnements de comptables envers l'Etat ou la colonie.

Les concessions temporaires, inférieures à trente ans de terrain pour inhumation dans les cimetières ;

Les pensions alimentaires de sommes déterminées ou l'abandon par les enfants à leurs ascendants, de jouissance d'immeubles pouvant en tenir lieu ;

Les ventes publiques de marchandises *en gros, pourvu que le lieu de la vente et la quotité des lots aient été fixés par les tribunaux.*

II

VINGT-CINQ CENTIMES PAR CENT FRANCS

Les abandonnements pour fait d'assurance ou de grosse aventure en temps de guerre. Le droit est perçu sur la valeur des objets abandonnés.

Les acceptations ou remises de dettes ;

Les actes et contrats d'assurance en temps de guerre. Le droit est perçu sur la valeur de la prime ;

Les arrêtés de compte desquels il résulte libération, sans préjudice de ce qui a été dit à l'article 16, paragraphe 4 ci-dessus ;

Les atermoiements entre débiteurs et créanciers, quand les débiteurs ne sont pas en faillite. Dans ce dernier cas, le droit fixe est seule exigible ; quand le droit proportionnel est dû, il se perçoit sur les sommes que les débiteurs s'obligent de payer.

Les billets à ordre, les lettres de change, les cessions d'actions et coupons d'actions, les actions mobillères des compagnies et sociétés d'actionnaires et tous autres effets négociables de particuliers ou de compagnies et les billets au porteur.

Les cautionnements de sommes ou d'objets mobiliers, les garanties mobilières et indemnités de même nature. *Le droit est perçu indépendamment de celui de la disposition que le cautionnement, la garantie, le gage ou l'indemnité aura pour objet et sur le même capital, sans pouvoir excéder le droit principal :*

Les cautionnements de se représenter ou de représenter un tiers en cas de mise en liberté provisoire, ou en vertu d'un sauf-conduit dans les cas prévus par les Codes.

Les exécutoires de dépens ;

Les jugements contradictoires ou par défaut portant attribution, collocation, condamnation ou liquidation de sommes ou valeurs, intérêts et dépens, entre particuliers, excepté les dommages-intérêts ;

Les obligations à la grosse aventure ou pour retour de voyage ;

Les ordres et distributions de deniers mobiliers ou immobiliers, quelle que soit leur forme sans préjudice du droit d'obligation ou de transport, s'il y a lieu ;

Les quittances, remboursements, rachats de rentes et redevances de toutes natures, actes portant libération, sans que cette libération ait pour cause une libéralité ou le prix de transmission de meubles et d'immeubles non enregistrés, auxquels cas il serait dû les droits dont ces diverses stipulations sont passibles d'après les différents paragraphes de cet article ;

Les quittances résultant de dépôts et consignations de sommes et effets mobiliers chez des officiers publics lorsque ces dépôts opèrent la libération des déposants. Dans le cas contraire, le droit fixe est dû, ainsi que lorsqu'il s'agit des décharges données par les déposants ou leurs héritiers lorsque la remise des objets déposés leur est faite ;

Les quittances de répartition en matière de faillites sont par exception soumises au droit fixe.

Les retraits de réméré présentés à l'enregistrement avant l'expiration des délais.

Les retraits successoraux et ceux de droits litigieux, dans le cas où le cessionnaire peut y être contraint par la loi.

Les subrogations légales résultant du paiement par un créancier à un autre créancier qui le prime

Les ventes de marchandises neuves garnissant les fonds de commerce, pourvu qu'elles soient désignées article par article dans le contrat ou la déclaration et qu'un prix particulier soit stipulé pour elles ;

Les ventes aux enchères publiques de meubles et marchandises qui sont faites après faillites et les ventes aux enchères de marchandises neuves avec autorisation de justice.

Les warrants ou bulletin de gage délivrés par les administrations des magasins généraux et endossés séparément des récépissés avec lesquels ils ont été délivrés.

III

CINQUANTE CENTIMES PAR CENT FRANCS

Les abandonnements pour faits d'assurance ou grosse aventure en temps de paix. *Le droit est perçu sur la valeur des objets abandonnés.*

Les actes et contrats d'assurance en temps de paix. *Le droit est perçu sur la valeur de la prime.*

Les arrêtés de compte desquels il résulte obligation, sauf ce qui est dit à l'article 16 § 4 ci-dessus ;

Les cessions de créances à terme ou de droit mobiliers incorporels ;

Les cessions ou mutations ayant pour objet des mines entières ou parts de mines ou intérêts miniers quelconques, même lorsque les mines sont constituées en sociétés ;

Les délégations de créances à terme et celles de prix stipulés dans un contrat pour acquitter des créances à terme envers un tiers, sans énonciation de titres enregistrés ;

Les dépôts de sommes chez les particuliers ;

Les donations entre-vifs en ligne directe, indépendamment du droit à percevoir sur les soultes et retours ; le droit est réduit de moitié losque ces donations ont lieu par contrat de mariage ;

Les échanges de meubles, sans préjudice du droit de soulte ou de retour ;

Les marchés sans exceptions, et le louage d'ouvrage et d'industrie ;

Les obligations de sommes, celles d'intérêts ou d'arrérages, même en vertu de titres enregistrés, et tous autres actes qui contiennent obligation de sommes sans libéralité et sans que l'obligation soit le prix d'une transmission de meubles ou d'immeubles non enregistrée ;

Les ouvertures de crédit réalisées, étant entendu que les ouvertures de crédits non réalisées ne supporteront que le droit fixe. *Le droit proportionnel est perçu sur la somme comptée, au fur et à mesure des réalisations constatées ;*

Les retours et soultes de partage relatifs à des créances ;

Les reconnaissances de prêts ;

Par exception, les connaissements ou reconnaissances de chargement par mer ou par lettres de voiture sont soumises au droit fixe ;

Les retraits de réméré de créances à terme et autres effectués après le délai fixé pour l'exercice du droit de réméré ;

Les subrogations conventionnelles et les substitutions de débiteurs.

I V

UN FRANC PAR CENT FRANCS.

Les antichrèses ou engagements de biens immeubles ;

Les baux des biens meubles à durée illimitée :

Les cessions d'intérêts et de parts dans les compagnies ou sociétés dont le capital n'est pas divisé par actions, sauf ce qui est dit au sujet des mines, parts de mines et intérêts miniers, au paragraphe III ci-dessus ;

Les cessions de marchés pour entreprise avec livraison de fourniture ;

Les cessions, transports et délégations de rentes de toute nature ainsi que les constitutions de rentes à titre onéreux ;

Les dommages-intérêts ;

Les donations entre vifs, entre époux avec réduction de moitié lorsque ces donations seront faites par contrat de mariage ;

Les échanges d'immeubles, sans soulte, ni retour ;

Les déclarations ou élections de command, d'ami ou de prête-nom sur adjudication ou contrat de vente de biens meubles, lorsque la déclaration est faite plus de trois jours francs avant la vente, ou sans que la faculté d'élire command ait été réservée. Si cette déclaration est faite dans les délais et en vertu d'une clause insérée dans l'acte, le droit fixe est seul exigible ;

Les mutations de fonds de commerce et de clientèle, y compris la cession du droit de bail ;

Les soultes et retours de partage de meubles ;

Les retraits de réméré des biens meubles après délai ;

Les transmissions de charge ou d'office à titre onéreux ;

Les ventes de meubles, même à réméré.

V

DEUX FRANCS PAR CENT FRANCS.

Les baux d'immeubles à durée illimitée ou emphytéotiques, leurs cessions, transports et résiliations ;

Les concessions trentenaires ou à perpétuité pour inhumation dans les cimetières.

Les déclarations de remploi des valeurs dotales de la femme qui ont pour objet des immeubles propres au mari, ou des immeubles de communauté lorsque la femme y a renoncé ;

Les déclarations ou élections de command, d'ami ou de prête-nom sur adjudication ou contrat de vente d'immeubles, lorsque ces déclarations sont faites trois jours francs après la vente ou sans que la faculté d'élire command ait été réservée. Dans le cas contraire, le droit fixe est exigible. La même règle est applicable aux déclarations passées au greffe par les défenseurs en matières de ventes judiciaires ;

Les donations entre vifs en ligne collatérale jusqu'au douzième degré inclusivement ;

Les retraits de réméré d'immeubles après l'expiration des délais ;

Les traités portant fixation d'indemnité ou de redevance à payer au propriétaire du fonds pour l'exploitation d'une mine jusqu'à épuisement ;

Les résolutions et résiliations de contrats translatifs de propriété ou d'usufruit de biens immeubles, à l'exception de celles prononcées par les tribunaux pour cause de nullité radicale, pour lésion d'outre-moitié, dans les formes et délais prescrits par la loi et pour défaut de paiement de prix lorsque l'acquéreur n'aura payé aucun à-compte et qu'il ne sera pas encore entré en jouissance, les résolutions et résiliations de cette nature ne devant supporter que le droit fixe ;

Les ventes immobilières, même sous réserve de réméré, et les soultes de partage et d'échange en matière immobilière. Néanmoins, les actes administratifs de concession ou de prise de possession de mines ne supporteront que le droit fixe ;

Le droit fixe sera également exigible sur les adjudications à la folle enchère, lorsque le prix n'est pas supérieur à celui de la précédente adjudication, si elle a été enregistrée.

VI

QUATRE FRANCS PAR CENT FRANCS

Les donations entre-vifs entre personnes non parentes.

DROITS DE GREFFE

Ces droits sont calculés conformément au tarif de l'arrêté du 26 mai 1884.

TARIF DES DROITS DE GREFFE

1° *Droits perçus au profit du Trésor.*

Les actes qui seront assujettis, sur la minute, aux droits de greffe, de rédaction et de transcription, sont ceux ci-après désignés :

1° Acceptation de succession sous bénéfice d'inventaire ; acte de voyage, consignation de sommes au greffe dans les cas prévus par l'article 301 du Code de procédure civile, et autres déterminés par les lois ; déclarations affirmatives et autres faites au greffe, à l'exception de celles à la requête du ministère public ; dépôt de registres, répertoires, et autres titres ou pièces fait au greffe, de quelque nature et pour quelque cause que ce soit; dépôt de signature et paraphe des notaires, conformément à l'article 49 de la loi du 25 ventôse, an XI ; enquêtes, interrogatoires sur faits et articles; procès-verbaux, actes et rapports faits ou rédigés par le greffier; publications de contrat de mariage, jugements de sépara-tion, actes et dissolution de société, et de tous autres actes prescrits par les Codes (il ne sera perçu aucun droit de dépôt pour la remise au greffe desdits actes); renonciation à une communauté de biens ou à une succession, soumis-sion de caution, transcription et enregistrement sur les registres du greffe, d'oppositions et autres actes désignés par les Codes. Il sera payé, pour chacun des actes ci-dessus, 1 fr. 50.;

2° Adjudications faites en justice ; dépôt de l'état, certi-fié par le conservateur des hypothèques de toutes les ins-criptions existantes, et qui, aux termes de l'article 752 du Code de procédure civile, doit être annexé au procès-ver-bal ; dépôt de titres de créance, pour la distribution des deniers par contribution ou par ordre; mandements sur contributions ou bordereaux de collocation ; surenchère faite au greffe. Il sera payé, pour chacun de ces actes, savoir : 3 francs pour le dépôt de l'état des inscriptions existantes ; 1 fr. 50 c. pour le dépôt de titres de créance, et ce, pour chaque production ; même droit, pour chaque acte de surenchère ; pour la rédaction des adjudications, 1/2 p. 0/0 sur les cinq premiers mille francs et 0 fr. 25 c par cent francs sur ce qui excédera 5,000 francs ; sur chaque mandement ou bordereau de collocation délivré, 0 fr. 25 c. par cent francs du montant de la créance colloquée.

Pour l'appel (amende) d'un jugement de première ins-tance . . . . 10 fr.

Pour l'appel d'un jugement de tribunal de paix. . 5

(Aucune requête d'appel ne pourra être enrôlée, si elle n'est accompagnée d'un récépissé du Receveur de l'Enre-gistrement, établissant que l'amende prescrite a été consi-gnée.)

L'amende est définitivement acquise au Trésorier en cas de condamnation.

2° Droits alloués aux greffiers

Les greffiers de justice de paix ont droit aux émoluments suivants :

1. — Visite de lieux, transport, audition des té-moins, par chaque vacation de trois heures 5 00

2. — Expédition de procès-verbal de non concilia-tion 1 60

3. — Transmission de la récusation et réponse du juge 10 00

4. — Assistance aux conseils de famille, aux appositions, reconnaissances et levées de scellés, et aux actes de notoriété dressés en exécution des articles 70 et 71 du Code civil (par vacation de 3 heures)... 5 00
5. — Pour les autres actes de notoriété...... 1 00
6. — Opposition des scellés............ 0 80
7. — Extrait des oppositions aux scellés (par chaque opposition)................ 0 80
8. — Contrat d'apprentissage.......... 4 00
9. — Mise au rôle de chaque cause portée à l'audience. 2 00
10. — État de liquidation de frais, à raison de chaque article............... 0 10
11. — Extrait des mentions inscrites sur les registres du greffe (pourvois en annulation, conciliations, etc.).................. 1 20
12. — Extrait de jugement en matière de simple police et aussi pour le recouvrement des condamnations. 0 25
13. — Relevé des jugements susceptibles d'opposition et d'appel (par chaque affaire jugée)...... 0 20
14. — Bulletins individuels pour ivresse, etc.... 0 25
15. — Légalisation............ 0 15
16. — Inscription des élèves stagiaires en pharmacie et extraits........... 2 00
17. — Insertion sur des registres timbrés... 0 30
18. — Expédition pour rôles de 25 lignes à la page. 2 00
19. — Billets de conciliation......... 0 25
20. — Prisées, par vacation de 3 heures.... 10 00
21. — Droit de vente (de meubles), non compris le déboursé; par cent francs...... 6 00
22. — Vacation pour préparer les objets mis en vente................ 10 00
23 Expédition ou extrait des procès-verbaux de vente (le rôle)............. 3 00
24. — Consignation à la caisse s'il y a lieu.... 10 00
25. — Référés, par vacation de 3 heures.... 5 00
26. — Rédaction de rapports d'experts (dans le cas où tous ou l'un d'eux ne sauraient écrire) les deux tiers des vacations allouées à un expert......
27. — Dépôt de pièces au greffe......... 1 50

Emoluments du greffier des tribunaux de première instance et de commerce

Le greffier des tribunaux a droit aux émoluments suivants :
1. — Pour le dépôt de la requête introductive d'instance (art. 25 de l'arrêté du 28 novembre 1866)... 1 00
2. — Pour droits de mise au rôle, etc.... 3 00
3. — Pour dépôt de copies collationnées des contrats translatifs de propriété........ 6 00
4. — Pour extrait à afficher........ 2 00

(Plus par chaque acquéreur en sus lors qu'il y a des lots distincts.) 0 50

5. — Pour soumission de caution avec dépôt de pièces, déclaration affirmative, déclaration de surenchère ou de command, certificat relatif aux saisies-arrêts sur cautionnement et aux condamnations pour faits de charge, acceptation bénéficiaire, renonciation à communauté ou succession. 4 00

6. — Pour bordereau ou mandement de collocation, certificat de propriété. 4 00

Si le montant du bordereau ou du mandement s'élève à trois mille francs, ou si le certificat de propriété s'applique à un capital de pareille somme, l'émolument est de. 6 00

7. — Pour opérer le dépôt d'un testament olographe ou mystique, non compris le transport s'il y a lieu. 12 00

8. — Pour communication des pièces et des procès-verbaux ou états de collocation dans les procédures d'ordre et de distribution par contribution, quel que soit le nombre des parties, si la somme principale à distribuer n'excède pas dix mille francs 10 00

Si elle dépasse ce chiffre. 20 00

9. — Pour communication du cahier des charges . 25 00

10. — Pour communication sans déplacement de pièces dont le dépôt est constaté par un acte du greffe. 1 00

11. — Pour rechercher des actes, jugements et ordonnances faits ou rendus depuis plus d'une année et dont il n'est pas demandé expédition :

Pour la première année indiquée, ... 1 00
Pour chacune des années suivantes 0 50

12. — Pour la délivrance des actes de l'état civil :

Naissance 1 25
Mariage 1 50
Décès 1 00
Pour légalisation. 0 25

13. — Pour insertion au tableau placé dans l'auditoire de chaque extrait d'acte ou de jugement soumis à cette formalité. 1 00

14. — Pour visa d'exploits 0 50

15. — Pour la mention de chaque acte sur le répertoire prescrit par l'article 11 de l'arrêté du 11 septembre 1869, ... 0 25

16. — Pour l'affiche et pour l'insertion dans les journaux à faire dans les cas prévus par les articles 442, 462, 492, 493, 504 et 566 du Code de commerce. 2 00

17. — Pour la rédaction, l'impression et l'envoi des lettres individuelles de convocation aux créanciers d'une faillite, dans le cas prévu par les articles 462, 492, 493, 504, 566 du Code de commerce, par chaque lettre. 0 50

Des procès-verbaux

Pour chaque procès-verbal :

18. — De compulsoire (art. 849 et suivants du Code de procédure et art. 15 et 16 du Code de commerce. — 8 00

19. — D'interrogatoire sur faits et articles (2° partie de l'article 428 du même Code de procédure) — 4 00

20. — De la première assemblée des créanciers (art. 462 de syndics définitifs). — 4 00

21. — De vérification et affirmation des créances pour chaque créancier) — 1 00

Et pour un contredit contresigné au procès-verbal et sur lequel il y aurai renvoi à l'audience. — 1 00

22. — De l'assemblée des créanciers dont les créances ont été admises pour passer au concordat ou au contrat d'union. — 8 00

23. — De reddition de compte définitif des syndics au failli en cas de concordat — 8 00

24. — De reddition de compte des syndics provisoires aux syndics définitifs — 8 00

25. — De reddition du compte définitif des syndics aux créanciers de l'union. — 8 00

26 — De l'assemblée des créanciers pour prendre une délibération quelconque non prévue par les dispositions précédentes — 6 00

27. — Pour la rédaction du rapport d'un capitaine de navire a l'arrivée d'un voyage de long cours ou de grand cabotage — 6 00

28. — Pour la déclaration des causes de relâche dans le cours d'un voyage — 4 00

29. — Pour la rédaction du rapport du capitaine en cas de naufrage ou échouement — 6 00

30. — Pour tout acte, déclaration ou certificat fait ou transcrit au greffe et qui ne donne pas lieu à un émolument particulier, quelque soit le nombre des parties. — 3 00

31. — Pour chaque rôle d'expédition délivré aux parties, contenant 20 lignes à la page et huit à dix syllabes à la ligne, compensation faites des unes avec les autres — 3 00

32. — Pour chaque rôle de doubles minutes des jugements établies pour le dépôt des archives coloniales. — 2 00

Émoluments du greffier devant le Tribunal supérieur

Le greffier a droit devant le tribunal supérieur aux émoluments suivants :

1. — Pour la mise au rôle qui ne sera perçue qu'une fois. — 5 00

2. — Pour tout acte fait ou transcrit au greffe quel que soit le nombre des parties — 6 00

3. — Il lui est alloué une somme double de celles dues en première instance pour les formalités prévues

aux numéros 10, 11, 13, 14 et 15 de l'article 10 du présent arrêté.

4. — Pour chaque rôle d'expédition délivré aux parties 3 00

5. — Pour chaque rôle de doubles minutes des jugements établies pour le dépôt des archives coloniales 2 50

DROITS D'HYPOTHÈQUES

Les droits d'hypothèques sont perçus en conformité de l'arrêté local du 17 septembre 1874 promulguant le décret du 15 avril 1873 réglant le régime hypothécaire de la Nouvelle-Calédonie (*Bulletin officiel de la Nouvelle-Calédonie*, année 1874, page 626).

DROITS DE TIMBRE

Ces droits seront perçus conformément au projet de délibération soumis au Conseil général.

TAXE SPÉCIALE SUR LES TABACS ET L'OPIUM

(Arrêtés des 7 juillet 1876, 28 octobre 1879 et décision du Conseil général du 27 novembre 1885.)

Tabacs à fumer et à chiquer, manufacturés. 3 fr. 00 c. le k.
Tabacs non manufacturés . . . . 2 40 —
Tabacs en figues . . . . 2 50 —
Tabacs à priser . . . . 9 00 —
Cigares . . . . 6 00 —
Opium, 100 p. 0/0 de la valeur de la quantité introduite.

DROITS D'EMMAGASINAGE

AU SERVICE DES CONTRIBUTIONS

3 francs par tonne pour les 10 premiers jours.
4 — pour les 10 jours suivants.
5 — pour les 10 autres jours;
Et 18 — par mois après les 30 premiers jours.

(Arrêté du 29 décembre 1881, confirmé par décision du Conseil général, du 7 novembre 1885.)

PRODUITS DE LA POSTE

(Arrêté local du 18 octobre 1880.)

Les prix des lettres ordinaires, recommandées ou chargées, et valeurs déclarées circulant dans l'intérieur de la colonie, est réglé d'après le tarif ci-après. — (Décision du Conseil général, du 6 novembre 1885).

INDICATION des POIDS	1er TARIF — TAXE des lettres ordinaires nées et distribuées dans la circonscription du bureau de poste		2e TARIF — TAXE des lettres ordinaires de bureau de poste à bureau de poste		3e TARIF — TAXE des lettres et objets recommandés	4e TARIF — TAXE des lettres chargées contenant des valeurs déclarées et des boîtes contenant des bijoux ou objets précieux
	Affranchies	Non affranchies	Affranchies	Non affranchies		
Jusqu'à 15 grammes inclusivement	0f15c	0f25c	0f25c	0f40c	Le prix des lettres et objets recommandés se compose de :	Le prix des lettres chargées ci-dessus indiquées se compose de :
Au-dessus de 15 grammes jusqu'à 30 grammes	0.30	0.50	0.50	0.80	1° La double taxe;	1° La double taxe;
Au-dessus de 30 grammes jusqu'à 50 grammes	0.45	0.75	0.75	1.20	2° Un droit fixe de 25 centimes par objet.	2° Un droit fixe de 25 centimes par objet;
Au-dessus de 50 grammes : augmentation par chaque 50 grammes ou fraction de 30 grammes.	0.25	0.40	0.30	0.75		3° 1 franc par 100 fr. ou fraction de 100 francs déclarés.

Les journaux, imprimés, papiers d'affaires et échantillons sont taxés à raison de 0 fr. 05 par 50 gr. ou fraction de 50 gr.

TABLEAU D'AFFRANCHISSEMENT des correspondances originaires de la Nouvelle-Calédonie et dépendances à destination de l'*Australie*, de la *Nouvelle-Zélande*, de *Norfolk*, des *Fidji* et des *Nouvelles-Hébrides* expédiées par paquebots ou par toute autre voie.

INDICATION DU POIDS des CORRESPONDANCES	TAXES (Affranchissement obligatoire)
LETTRES	
Au-dessous de 15 gr. et jusqu'à 15 gr. inclus...............	0f 60 c
De 15 grammes à 30 grammes.........	1f 20 c
	Et ainsi de suite, en ajoutant 60 centimes par chaque 15 grammes ou fraction de 15 grammes.
JOURNAUX	
Echantillons, papiers d'affaires Et tous autres imprimés n'ayant pas le caractère de correspondance	
Au-dessous de 50 gr. et jusqu'à 50 gr. inclus...............	0f 10 c
De 50 grammes à 100 grammes....	0f 20 c
	Et ainsi de suite, en ajoutant 10 centimes par chaque 50 grammes ou fraction de 50 grammes.

Les lettres et objets recommandés acquittent en plus des taxes d'affranchissement, un droit fixe de 0 fr. 40 c. par objet.

Les lettres à destination de l'extérieur, déposées au bureau de poste de Nouméa pendant l'heure qui précèdera la fermeture des guichets, seront passibles d'une taxe obligatoire double de la taxe ordinaire.

PRODUITS DU TÉLÉGRAPHE

Ces produits sont perçus conformément à une décision du Conseil général, en date du 6 novembre 1885.

Les dépêches télégraphiques privées, échangées entre deux bureaux voisins, reliés directement et sans poste intermédiaire, seront soumises à une taxe uniforme de 1 fr. 50 c. pour 10 mots (adresse et signature comprises) et 0 fr. 10 c. par mot supplémentaire.

Les dépêches télégraphiques privées, échangées entre deux bureaux quelconques de la colonie seront soumises à une taxe uniforme de 2 fr. par 10 mots (adresse et signature comprises) et 0 fr. 10 c. par mot supplémentaire.

Les dépêches traitant exclusivement d'un intérêt général et émanant ou à destination de la presse locale et provenant de ou pour quel que soit le bureau, seront soumises à un tarif uniforme de 1 fr. pour 10 mots (adresse et signature comprises) et 0 fr. 10 c. par mot supplémentaire.

DROITS DE CONSOMMATION

Sur les liquides introduits dans la colonie et sur ceux de fabrication intérieure.

Sont appliquées en 1886 les dispositions des arrêtés du 31 décembre 1872, 22 janvier 1874, 6 janvier 1876, 23 juin et 7 décembre 1874, 9 mars 18 8, 14 décembre 1880 et 25 juin 1881, 11 avril, 27 novembre 1882 et 5 novembre 1885.

TABLEAU des taxes à percevoir sur les liquides introduits dans la colonie et sur ceux de fabrication intérieure.

(Tarif général résultant des arrêtés sus-visés.)

DÉSIGNATION des LIQUIDES	ESPÈCE DES UNITÉS	TAXES à percevoir
		FR.
Vin rouge.	la barrique dite bordelaise, pièce de 2.	20
		40
	la caisse de 12 lit. ou bouteilles.	1
Vin blanc.	la barrique.	20
	la caisse de 12 lit. ou bouteilles.	2
Vin blanc doux.	la caisse de 12 bouteilles ou lit.	5
Vins du Rhin	la caisse de 12 bouteilles.	5
Champagne et vins mousseux.	la caisse de 12 bouteilles.	8
Vins de dessert { Madère, Malaga, Porto, Scherry, Muscat, Frontignan, Xérès, Ténériffe, etc. . . .	l'hectolitre.	100
	la caisse de 12 litres.	12
	la caisse de 12 bouteilles.	10
Vins d'Australie.	la caisse de 12 bouteilles.	3
	l'hectolitre.	100
Gin.	la grande caisse de 18 lit. en 15 flacons.	18
	la caisse ordinaire de 15 litres en 15 flacons.	15
	la petite caisse de 9 litres en 12 flacons.	9
	la caisse de 12 litres.	10 50
Alcool pur ou esprit de vin. . .	la caisse de 12 bouteilles.	8
Alcool pur ou esprit de vin, cognac, eaux-de-vie, rhums, tafias, wiskeys, kirschs.	l'hecto- litre. Taxés d'après leur force en prenant pour base 1 cent. par lit. et par degré centésimal; c'est-à-dire que le litre paiera autant de fois 1 c. que l'alcool aura de degrés.	
Alcoolat (absinthe exceptée). .	la caisse de 12 bouteilles ou lit.	20
Alcoolat d'absinthe.	la caisse de 12 bouteilles ou lit.	96
Essences d'absinthe.	la caisse de 12 bouteilles ou lit.	120
Essences (l'absinthe exceptée)	la caisse de 12 bouteilles ou lit.	40
Cognacs, eaux-de-vie, rhums, tafias, wiskeys, kirschs (1) .	la caisse de 12 litres.	8
	la caisse de 12 bouteilles.	6
Liqueurs assorties, guignolet, cassis, bitter, anisette, curaçao, fruits à l'eau-de-vie et 1/2 sirop.	la caisse de 12 litres.	8
	la caisse de 12 bouteilles.	6
Absinthe.	l'hectolitre.	200
	la caisse de 12 bouteilles.	21
Vermouth, byrrh au vin de Malaga.	l'hectolitre.	50
	la caisse de 12 bouteilles.	6
Ale, porter, autres bières étrangères et cidre.	l'hectolitre.	15
	la caisse de 12 bouteilles.	3
Bières françaises.	l'hectolitre.	10
	la caisse de 12 bouteilles.	2

(1) Les cognacs, eaux-de-vie, rhums, tafias, wiskeys, kirschs, etc. en caisses de bouteilles ou de litres; et dont le degré centésimal dépasserait 60°, seront imposés d'après le prix fixé pour les mêmes produits en fûts.

NOTA. — Les alcools et autres boissons fabriqués dans la colonie sont soumis aux mêmes taxes que les alcools et autres boissons importés.

Quant il s'agit d'introductions en fûts ou en récipients non cotés au tarif, la contribution est due au litre.

— 33 —

LICENCES DIVERSES

LICENCES DE CAFÉS, CABARETS ET DÉBITS DE BOISSONS

Ces droits sont perçus conformément aux dispositions de l'arrêté du 13 août 1879 et aux tarifs ci-dessous en ce qui concerne les licences de débits et aux dispositions des arrêtés des 31 décembre 1872, 22 janvier 1874, en ce qui concerne les licences des fabricants de rhums.

TABLEAU fixant pour l'année 1888, le taux de la licence à payer par les cafetiers, cabaretiers et débitants de boissons à consommer sur place, tant à Nouméa qu'en dehors du chef-lieu.

(Vote du Conseil général en daté du

LOCALITÉS	TAUX de la LICENCE	OBSERVATIONS
Nouméa (Vallée de l'Infanterie et faubourg Blanchot.	1,200	
Presqu'île de Nouméa. (1)	600	1 y compris le Pont-des-Français.
Dumbéa.	300	
Païta.	300	
La Foa.	400	
Coétempoé.	250	
Saint-Vincent.	250	
Tomo et Ouameni inférieure.	150	
Bouloupari.	250	
Ouraïl.	300	
Moindou.	300	
Bourail.	800	
Gomen.	200	
Koné-Pouembout.	300	
Touho.	250	
Canala.	500	
Houaïlou.	250	
Thio.	500	
Pounérihouen	250	
Oubatché.	250	
Bouches du Diahot.	250	

LOCALITÉS	TAUX de la LICENCE	OBSERVATIONS
Le Caillou.	250	1 Les licences de débits de boissons dans les territoires pénitentiaires ne comportent pas la vente au personnel soumis au régime pénitentiaire, de l'absinthe, du cognac, du gin et autres spiritueux.
Ouégoa.	250	
Bondé.	200	
Hyenghène.	250	
Iles Loyalty.	250	
(1) Ile des Pins.	200	2 Des licences temporaires de débits de boissons à consommer sur place, d'une durée de 8 jours au plus, pourront être délivrées à l'occasion des fêtes et assemblées publiques, tant au chef-lieu qu'à l'intérieur. La taxe est immédiatement exigible.
(1) Presqu'île Ducos.	200	
(1) Ile Nou.	800	
Tous autres lieux.	250	
(2) Licences temporaires.	50	

LICENCES DE FABRICANTS DE RHUMS ET TAFIA

Le taux est fixé à 150 francs par an.
(Vote du Conseil général, en date

DIVERS PRODUITS ET REVENUS

PRODUITS DES DOMAINES

1° Frais de reconnaissance, de levés et délimitation. —

Le taux de remboursement est fixé à 1 fr. par hectare pour les concessions domaniales. Pour les mines il sera perçu un droit de levé de 75 francs pour les concessions de 1 à 25 hectares, et de 3 francs par hectare pour celles d'une surface supérieure à 25 hectares. Pour les plans fournis par les particuliers le droit de vérification est fixé à 50 francs pour les concessions de 1 à 25 hectares, et à 2 francs par hectare pour celles d'une surface supérieure à 25 hectares (Arrêté du 12 mai 1884).

Les expéditions d'actes de ventes, à l'exception de la première délivrée gratuitement, donnent lieu au payement d'une somme de 10 francs (art. 23 du même arrêté).

Les copies de plans donnent lieu au payement d'un droit de 5 francs pour le premier hectare et de 10 centimes par hectare pour le reste de la superficie.

2° *Baux et locations.* — 1 fr. 50 c. par hectare et par an pour les anciennes locations ; tarif variable pour les nouvelles, mais calculé à raison de 1 fr. 50 par hect. et par an pour les grandes superficies. L'arrêté du 10 août 1882 détermine d'une façon spéciale les conditions dans lesquelles les forêts du Domaine sont louées pour la plantation du café.

3° *Concessions en rente perpétuelle.* — Rente annuelle de 2 à 3 francs par hectare et par an, rachetable au denier 15 pendant les dix premières années, et au denier 20 au bout des dix autres (arrêté du 8 mai 1878).

4° *Concessions à titre onéreux.* — 24 francs par hectare (art. 47 de l'arrêté du 11 mai 1880), payables en 12 ans et aux conditions suivantes :

50 cent. par hectare et par an pendant les trois premières années ;

1 franc pendant les 4, 5 et 6° années ; 2, 50 c. pendant les 7, 8 et 9° années ; 4 francs pendant les 10, 11 et 12° années.

Ces versements doivent être faits par semestre et d'avance (même arrêté, art. 48.)

PRODUITS DES MINES ET FORÊTS

Sont perçus conformément aux arrêtés des 26 juillet 1862, 11 janvier 1864 et 6 mai 1858 en ce qui concerne les forêts, au décret du 23 juillet 1883 et arrêté du 12 mai 1884, en ce qui concerne les mines. — Les tarifs sont les suivants :

Permis de recherches : 1 fr. par hectare. — Concessions : rente annuelle de 3 à 10 francs.

FORÊTS

Les coupes de bois sont remboursées aux taux suivants :

1 pin abattu volontairement			10 00
1 pin abattu involontairement	cubant 0,707 et au-dessus	10 00	
	au-dessous de 0,707	5 00	
Arbres d'essences propres à l'ébénisterie, en grume, le stère			10 00
Arbres d'essences propres aux constructions (autres que le pin), le stère en grume			5 00
Perches, chevrons, poteaux, etc. la pièce			0 50
Gaules, manches, etc la botte			0 50
Bois de chauffage le stère			1 00

RECETTES DIVERSES

LOCATIONS DE CHALANDS, CHALOUPES A VAPEUR, EMBARCATIONS, APPARAUX ETC.

Ces locations sont faites conformémeut aux arrêtés des 13 avril 1863, 13 février 1873 et 17 août 1877.

Les tarifs, pour l'année 1888, sont fixés ainsi qu'il suit :

1° CHALANDS ET EMBARCATIONS

Bateaux pontés (pilotes) .	50 00	PAR JOURNÉE
Chaloupes de 6 tonnes..	20 00	—
Baleinière.	12 00	La journée pouvant être
Yole	10 00	fractionnée par moitié
Chalands de 25 tonneaux.	20 00	seulement.

2° APPARAUX ET DIVERS OBJETS

Brouette. . . . . ,	1 00	
Chaînes de toutes dimensions, la brasse.	0 20	PAR JOURNÉE —
Crics de toutes dimensions. . . .	2 50	La journée pou-
Madriers ou planches pour chargement et déchargement, les deux.	3 00	vant être fractionnée par moitié seulement.
Pelle ou manne.	0 40	
Poulie de capon ou de guinderesse	2 00	

DROITS DE QUARANTAINE SUR LES ANIMAUX INTRODUITS

Sont établis conformément aur dispositions de l'arrêté du 13 décembre 1872, et donnent lieu à la perception d'une taxe annuelle.

La taxe est fixée, pour l'année 1888, suivant décision du Conseil général en date du 7 novembre 1885, à 50 fr. par tête de bétail de la race bovine importée.

DROITS SUR LES MANDATS DE POSTE

Sont perçus conformément au décret du 26 juin 1878, promulgué dans la colonie par l'arrêté du 30 octobre 1878 et dont le taux est fixé à 1 p. 0/0.

PRODUITS DE L'IMMIGRATION

Les droits d'enregistrement et de congés d'acquit sont perçus conformément à l'arrêté du 26 mars 1874, suivant le tarif ci-après :

Bulletin d'immatriculation. 10 00
Livret. 10 00
Remplacement d'un livret perdu. . . . 5 00
Congé d'acquit. 10 00
Remboursement de frais de nourriture
    à l'atelier de discipline, par jour. . . 0 50
Frais de conduite. 2 00
Frais d'hospitalisation à l'infirmerie de
    l'Orphelinat, par jour 1 50
Produits de l'atelier de discipline, par
    jour et par homme. 1 00
Frais de passage pour les indigènes des
    Loyalty ou de la grande terre. . . . 20 00

Le mode de remboursement des vivres des immigrants en dépôt, des droits de conduite, des primes d'arrestation, et le remboursement des vivres des engagés envoyés à l'atelier de discipline, sont réglés par les arrêtés des 26 mars 1874, 6 mars 1876, 7 avril 1877 et 28 juin 1879.

————

TAXES AU PROFIT DES COMMUNES

Droits d'octroi de mer

(Décision du Conseil général, en date du 19 novembre 1885.)

L'arrêté du 23 décembre 1879, modifié par celui du 8 janvier 1884, et du . . . . . fixe à 3 p. 0/0 *ad valorem* le droit à percevoir sur les objets de toute provenance à leur entrée dans la colonie, à l'exception des animaux, denrées et objets suivants, qui sont frappés de droits spécifiques comme suit :

Chevaux. . . . .⎫
Mulets. . . . .⎬ 25 fr. par tête.
Animaux de la race ⎰ porcine. . 15 —
                ⎱ ovine. . . 5 —
Viande salée. . . . . 20 fr. les 100 kil.
Conserves de bœuf. . . . . . . 25 —
Suifs, graisses et saindoux. . . 20 —
Avoine, orge, légumes secs. . . 5 —
Luzerne, foin, paille d'avoine et
    autres fourrages. . . . . 3 —
Café. . . . . . . , ... 25 —

EXEMPTIONS

Sont seulement exemptés du droit d'octroi de mer les habillements et effets militaires pour les troupes, ainsi que les approvisionnements de matériel et de vivres pour les bâtiments de l'Etat et ceux à l'usage des états-majors de ces bâtiments.

L'arrêté du   détermine ainsi qu'il suit la part revenant à la commune de Nouméa, dans les diverses contributions locales pour l'année 1888 :

1/3 sur les licences de la commune ;
1/2 sur les droits d'octroi de mer.

L'autre moitié du produit des droits d'octroi de mer est répartie entre les diverses Commissions municipales de l'intérieur.

DISPOSITIONS GÉNÉRALES

APPLICABLES AUX CONTRIBUTIONS INDIRECTES ET DIVERS PRODUITS.

L'arrêté du 17 juillet 1869, relatif à la perception des produits du Service local autres que les contributions directes, est applicable pour le recouvrement des contributions indirectes et des divers produits,

DISPOSITIONS COMMUNES AUX TARIFS CI-DESSUS

Les dispositions des arrêtés en vigueur pour les diverses perceptions sont maintenues en tout ce qui n'est pas contraire au présent tarif.

Nouméa, le 22 juin 1887.

Le Directeur de l'Intérieur,

MORACCHINI.

www.ingramcontent.com/pod-product-compliance
Lightning Source LLC
Chambersburg PA
CBHW060753280326
41934CB00010B/2471